RESILIENCIAS

TABLA DE CONTENIDO

Capítulo 1

Infancia y orfanato...17

Capítulo 2

Adopción..25

Capítulo 3

Internado de mujeres...33

Capítulo 4

Pruebas difíciles...41

Capítulo 5

Madre soltera...51

Capítulo 6

Superación personal..59

Así que te invito a que te unas a mí en este viaje a través de la vida de Reyna. Te prometo que será un viaje que no olvidarás, un viaje que te inspirará, te conmoverá y, sobre todo, te enseñará el verdadero significado de la fuerza, la resiliencia y el amor.

Bienvenido a la historia de Reyna, una historia de superación, amor y esperanza.

AGRADECIMIENTOS

Quiero comenzar expresando mi más sincero agradecimiento a todas las personas que han sido parte fundamental en mi vida y han contribuido de manera significativa en mi trayectoria. Sus apoyos incondicionales, valiosas enseñanzas y amistad han dejado una huella imborrable en mi corazón. Este libro es un legado para mis hijos, mis nietos Alan e Ivana, mis amistades y los lectores, con la esperanza de crear conciencia sobre la importancia de no abandonar a nuestros seres queridos.

A mi amada hija, Aline. Expresar mi gratitud por tu incansable apoyo y tu inalterable presencia en esta extraordinaria travesía que es mi sueño, simplemente desborda las fronteras de las palabras. Desde el albor de este proyecto, has estado a mi lado, incondicionalmente, asistiéndome con un compromiso fervoroso para dar forma a las páginas de este libro.

En ti he hallado más que una mera compañera en este viaje, te has convertido en mi confidente, la depositaria de mis recuerdos, mis luchas y mis alegrías, otorgándome la confianza necesaria para liberar cada pedazo de mi vida en estas páginas.

Tu presencia, fuerte y segura, ha sido mi faro y mi ancla, inspirándome a seguir adelante, a enfrentar los vientos de la adversidad y a navegar las aguas turbulentas con determinación. No importa cuán grandes sean las batallas que hemos enfrentado, tu amor y tu fuerza han sido constantes, permitiéndonos mantenernos de pie, fuertes y unidos.

En cada palabra plasmada en este libro, yace un pedazo de mi corazón y un tributo a tu indomable espíritu. Mi amor por ti, mi querida Aline, es inmenso y eterno. Tu eres mi motor, mi inspiración, y este libro es tanto mío como tuyo. Con todo mi amor y gratitud, siempre tuyo.

A mi amado hijo Iván, eres la personita que ha colmado mi vida de una alegría inefable, una chispa luminosa que ha iluminado cada rincón de mi ser y me ha hecho descubrir la auténtica plenitud de ser madre. Tú, mi querido hijo, eres el sólido pilar sobre el cual construyo mi existencia, la fuerza incansable que me impulsa a seguir avanzando, y cada día agradezco al destino por haberte puesto en mi camino.

Juntos hemos recorrido un camino lleno de desafíos, desplegando nuestras alas con valentía frente a las adversidades y sorteando cada obstáculo con una fortaleza inquebrantable. En cada etapa que hemos atravesado, he presenciado tu crecimiento y desarrollo con admiración y orgullo. Eres un ser extraordinario, mi hijo, y siempre he sabido que puedo confiar plenamente en ti.

Quiero tomarme un momento para expresar mi profundo agradecimiento, desde lo más profundo de mi corazón, por todo lo que haces por mí. Tus gestos de amor, tus palabras llenas de ternura y tu incondicional apoyo han dejado una huella imborrable en mi vida. No hay palabras suficientes para describir el amor inmenso que siento hacia ti, querido hijo. Es un amor que se extiende más allá de los límites del tiempo y del espacio, un amor infinito e inquebrantable que me acompaña en cada latido de mi corazón.

Eres mi mayor tesoro, la razón por la cual sonrío cada día, y mi mayor motivación para alcanzar mis sueños. Contar con tu presencia, tu amor y tu compañía es un regalo inestimable que atesoro en lo más profundo de mi ser. Mi vida no sería la misma sin ti, y mi gratitud hacia ti no tiene límites.

A ti, Darwin O. (sobrino), estoy agradecida a Dios por haberte cruzado en mi camino desde tu nacimiento. Te vi crecer y convertirte en un ser extraordinario. Quién iba a imaginar que te convertirías en mi mano derecha, enfrentando juntos muchas dificultades tanto en lo familiar como en lo laboral. Gracias, hijo,

AGRADECIMIENTOS

por luchar siempre a mi lado y ser mi gran confidente incondicional. Te estaré eternamente agradecida.

A mis entrañables amigos, quienes han sido parte fundamental de mi trayectoria y han estado ahí para apoyarme y escucharme cuando más lo he necesitado. Su presencia ha sido invaluable en mi camino hacia donde me encuentro ahora. Quiero expresar mi agradecimiento a:

Jaime Romero – Roberta Betanzo

Enrique Torres – Bertha Alicia Ramiro

Tomás García – Georgina García

Fulgencia Martínez

Graciela Sánchez

Guadalupe Amaro

Janeth Blanco

Diana Bautista (QEPD)

Margarita Gómez

Antonia y Yolanda Ordeñana

Elfego Jiménez

J. Jesús Gutiérrez

Gloria Caballero – I. Armando Díaz

Pedro Mejía

Quiero expresar mi profundo agradecimiento a todos ustedes, quienes han sido parte fundamental de mi vida y de este proyecto. Agradezco sinceramente a cada persona que me ha brindado su apoyo, su amor y su tiempo. A aquellos a quienes no he mencionado específicamente, les doy las gracias de corazón. Su presencia y contribución han sido valiosas y significativas para mí.

A ti, persona especial.

Roberto Durán Robles, quiero expresar mi profundo agradecimiento a Dios y a la vida por darme la dicha de conocerte. Eres un ser humano excepcional, cuya grandeza se transmite a través de tus ojos y tu alma. Fuiste mi inspiración para poder llevar a cabo este libro, y a lo largo de nuestras conversaciones constructivas, me has enseñado tanto. Tus consejos y apoyo moral incondicional han sido fundamentales.

Admiro enormemente todo lo que eres.

A veces, Dios envía a personas especiales en el momento justo.

Y por sobre todo... A Dios.

Porque Él utilizó lo que en su momento parecía ser el peor momento de mi vida para mostrarme que había muchas personas y circunstancias a las que no estaba aprovechando o a las que no les estaba dando la verdadera importancia que merecen. Aunque siempre había valorado y cuidado mucho a mi familia y amigos, nunca había percibido que ellos son la razón de mi vida, de mi existencia; que sin ellos, soy apenas un ser humano, pero con ellos, soy un ser humano feliz. Y junto a ellos y Dios, soy un ser humano feliz y completo.

Con profunda gratitud hacia Francisco Navarro, renombrado autor bestseller, quien ha sido una fuente de inspiración y apoyo en este proceso.

INTRODUCCIÓN

Querido pasado, agradezco tanto lo bueno como lo malo que has traído a mi vida.

En aquel momento presente, te elegí porque creí que eras lo más conveniente. Aunque algunas cosas salieron mal, no me juzgo a mí mismo, ya que de la ignorancia del pasado nació la sabiduría del presente. De los errores surgieron lecciones y de la adversidad surgió la oportunidad. Del dolor entendí el verdadero significado del amor y de lo peor aprendí lo que es mejor.

Te agradezco, pasado, porque de ti nació mi presente, pero ahora te dejo atrás para poder avanzar con la mirada hacia el futuro.

Hemos atravesado un sinfín de batallas y obstáculos en la vida, y ahora es el momento de todas esas personas que buscamos trascender nuestras circunstancias.

Cuando leas este libro, encontrarás entremezcladas reflexiones que surgieron en mi mente mientras estaba inmerso en su producción.

Espero que en estas páginas encuentres esa chispa de fe capaz de encender tu espíritu y que te motive a seguir adelante, recordándote que todo es posible si así te lo propones.

1

Infancia y orfanato

CUESTIONARIO

1. ¿Alguna vez has experimentado la sensación de abandono o has sido abandonado/a?

   _____

   _____

2. ¿Te imaginas siendo capaz de abandonar a tus propios hijos?

   _____

   _____

3. ¿Has experimentado carencias durante tu niñez?

   _____

   _____

4. ¿Alguna vez has sufrido maltrato físico o psicológico?

   _____

   _____

Bien, ahora comenzaré a contarles un poco de mi historia...

Recuerda, al responder estas preguntas, podrás reflexionar sobre tus propias experiencias y conectarte con los temas que exploraremos en este capítulo. A través de mi relato, espero poder compartir contigo mis vivencias y desafíos durante mi infancia y el tiempo que pasé en el orfanato.

INFANCIA Y ORFANATO

El sábado 24 de diciembre de 2022, desperté con una profunda conciencia de que era un día verdaderamente especial. Me di cuenta y valoré todo lo que tenía a mi alrededor: mi hogar acogedor, mi confiable automóvil, mi próspero negocio y, sobre todo, mis amados hijos. Sin embargo, también fui invadido por una mezcla de nostalgia y tristeza. Lamentablemente, estas fechas suelen estar marcadas por esos sentimientos en lugar de ser días llenos de pura alegría. Permítanme compartirles la razón detrás de ello.

Corría el 24 de diciembre de 1970 en mi país natal, Honduras, en Centroamérica. Ese día estaba junto a mi progenitora, Virginia, en nuestro cuarto, jugando con mis hermanos: Israel, Orlando, Janeth y Rene. Mi progenitora nos llamó para desayunar y nos sentamos a la mesa. Recuerdo ese último desayuno: unos frijolitos con queso, antes de que ocurriera algo que cambiaría mi vida de forma drástica.

Mi progenitora comenzó a hablarnos y nos dijo que ya no era posible que estuviéramos con ella, que nos llevaría a un hogar donde estaríamos mejor. En ese momento, me levanté y corrí hacia mi tía Senovia, quien acababa de llegar. La abracé llorando y le conté que nos querían llevar a un hogar para niños, un orfanato. Se desató una discusión y mi tía tomó un lazo y nos ató a ella, gritando.

Tía: ¡No te los vas a llevar, no los regalarás!

Progenitora: Son mis hijos, la decisión está tomada y los voy a entregar.

A pesar de tanto forcejeo, mi progenitora logró su cometido y nos llevó al orfanato. Recuerdo vívidamente cómo miraba a tantos niños cuando entramos y cómo se nos acercaron para recibirnos, diciéndonos que a partir de ese día ellos serían nuestros progenitores. Eran los encargados del orfanato, Mercedes S. y Alba L. En ese momento, escuché a esa mujer que decía ser mi progenitora decirles:

"Aquí están sus papeles, por si alguien quiere adoptarlos".

Mis hermanos le gritaron que no nos dejaran ahí. Cuando nos dijeron que teníamos que despedirnos, sentí una profunda ira al verla tan fría, marchándose sin mostrar dolor, sin entender cuánto la extrañaríamos.

Nos llevaron de inmediato a un dormitorio para intentar calmarnos. Con solo 7 años, yo y mi hermano mayor, Israel, de 9 años, intentábamos tranquilizar a los demás, pero fue imposible. Tuvieron que amarrar a mi hermano Orlando en una cuna. Fue en ese momento cuando empecé a cuestionar por qué nos había hecho esto, y fue entonces cuando los recuerdos empezaron a surgir.

Antes de todo esto éramos una familia "normal", éramos felices en cierta medida. Recuerdo vagamente que mi progenitor solía vender productos y yo lo acompañaba a los trenes. Le gustaba comprarme vestidos floreados y pasábamos mucho tiempo jugando mis hermanos y yo. Sin embargo, meses antes de llegar a este orfanato, ocurrió una desgracia. Mi progenitor tenía una tienda allá en mi país natal. Se les llaman "truchas" y se produjo una pelea entre clientes. Hirieron a alguien y mi progenitor tuvo que huir por miedo y falta de asesoría legal, ya que era el dueño de la tienda.

Recuerdo que mi progenitora nos llevaba a ver a mi progenitor en ocasiones, pero para ello teníamos que cruzar un río muy grande. Hubo un largo periodo en el que mi progenitor estuvo escondido. Quiero creer que, después de todo lo sucedido, fue más fácil para mi progenitora regalarnos.

Esta fecha, la Navidad, es muy significativa para mí, ya que fue el día en que nos regalaron. Nos cambiaron de ropa y nos dieron un juguete. Al ver a los demás niños, traté de calmarme, pero luego nos quitaron los juguetes a todos y nos dijeron que no eran para nosotros. En ese momento, no entendí y fue una gran desilusión para mí.

INFANCIA Y ORFANATO

Al siguiente día, al despertarnos, sonaba una campana que indicaba que debíamos levantarnos. Tendí mi cama y me formé para ir a desayunar. Luego, asistíamos a clases y realizábamos las tareas que nos asignaban. Así eran todos los días en el orfanato.

Con el paso de los meses, comencé a darme cuenta de que a algunos niños los formaban y les pegaban diariamente con un cable mojado. No entendía el motivo, solo presenciaba cómo estas personas descargaban su ira.

Llegó un momento en el que a mis hermanos y a mí también nos tocó recibir golpes sin saber el motivo detrás de ese castigo diario. Otros niños nos explicaron que nos pegaban porque habíamos cometido algún error que no agradaba a los encargados del orfanato.

Además de los golpes, nos castigaban obligándonos a arrodillarnos bajo el sol mientras cargábamos dos bloques en las manos durante largos períodos de tiempo.

Las cosas empeoraron aún más, ya que comenzaron a limitar nuestra comida. Nos obligaban a trabajar todo el día bajo el sol en las hortalizas, en la granja y en diferentes tareas pesadas. A pesar de ello, también debíamos asistir a la escuela y cumplir con nuestras responsabilidades. Era una rutina que nos golpearan.

Jamás olvidaré presenciar la muerte de mi hermano menor, Rene, debido a la anemia causada por la falta de alimentación. Recuerdo cómo él comía tabiques y tierra. También tengo en mente cómo mis hermanos recolectaban miel para que pudiéramos sobrevivir a todo esto.

Esperábamos la noche para reunirnos con otros niños y recorrer un camino por los techos, entre los cables, para llegar al cuarto donde se guardaba la comida que llegaba de las instituciones benéficas. Allí procurábamos tomar algo de alimento que no llegaba a nuestras manos. En ocasiones, mis hermanos cavaban hoyos y enterraban plátanos para conservarlos.

Recuerdo los árboles frutales; algunas noches, varios niños del orfanato salíamos a robar frutas y las comíamos en lo alto de los árboles. A veces, había peleas entre nosotros por conseguir la comida. En una ocasión, discutí por una guayaba y terminé cayendo sobre unos alambres, lo cual me llevó al hospital y aún conservo la cicatriz de aquel momento.

En muchas ocasiones, nos encontraban y nos castigaban severamente, iluminándonos con linternas. Sabíamos que esperaba un castigo severo.

Cada día, la comida de la mañana consistía en trigo con gusanos, y no teníamos otra opción más que comérnoslo todo.

Entre los recuerdos de mi infancia en ese hogar, siempre jugábamos a la guerra, a la pelota, a las escondidillas y a las canicas. Siempre anhelé tener una muñeca. Cuando era niña, soñaba con ser modelo, reina de belleza o azafata para volar en los aviones cuando fuera grande. También recuerdo que nos bañábamos metiéndonos en un barril, nos enjabonábamos y nos enjuagábamos con la misma agua.

Nos asomábamos a la ventana para ver la televisión, ya que no teníamos permitido verla, solo los encargados del orfanato. Al no comprender mucho sobre la tecnología, me preguntaba cómo tanta gente podía estar dentro de ese pequeño aparato, lo cual despertaba mi curiosidad y emoción.

De niña, presencié varios sucesos en el orfanato, como incendios, inundaciones, ciclones y guerras civiles.

A la edad de 8 o 9 años, fui testigo en varias ocasiones de abusos sexuales por parte de los encargados de la casa hogar. Mi hermana y yo tuvimos la suerte de que mis hermanos, Orlando e Israel, nos protegieran, y nunca sufrimos ese tipo de abuso, ya que nos encerraban con candado en una habitación durante la noche.

Nuestra infancia moldea gran parte de nuestra vida, pero no determina nuestro futuro por completo. Aunque una infancia difícil puede parecer un punto de partida desfavorable, tenemos el poder de superar las adversidades y encontrar nuestro propio camino hacia la felicidad. No permitas que tu infancia difícil te defina. Eres capaz de escribir tu propia historia, superar los obstáculos y encontrar la felicidad y el propósito en tu vida. Recuerda, tu pasado no dicta tu destino. Tú tienes el poder de forjar tu propio camino y alcanzar la plenitud que mereces.

2

Adopción

CUESTIONARIO

1. ¿Crees que tener padres sustitutos es la mejor opción?
   _____
   _____

2. ¿Alguna vez te has sentido con miedo o en peligro latente, temiendo que te pueda suceder algo?
   _____
   _____

3. ¿Has sufrido maltrato físico y psicológico?
   _____
   _____

4. ¿Alguna vez te has imaginado teniendo una familia de ensueño?
   _____
   _____

5. ¿Estarías dispuesto/a a ayudar a alguien que esté sufriendo maltrato?
   _____
   _____

Seguramente se preguntarán por qué estas preguntas. Ahora les contaré el motivo detrás de ellas...

ADOPCIÓN

Aún recuerdo aquel día cuando tenía 10 años y una familia de Canadá llegó en busca de adoptar a niños. Mi hermana y yo estábamos en proceso de adopción y nos sentíamos emocionadas. Disfrutamos enormemente la idea de tener una familia, pasear juntas, ir a la playa y vivir nuevas experiencias. Sin embargo, después de dos meses, el proceso tuvo que cancelarse debido a una ley en mi país que requería la firma de nuestros progenitores biológicos, lo cual nunca ocurrió.

Regresar a la casa hogar con desilusión fue un duro golpe para nosotros. Volver con miedo y llorar cada noche, cuestionándome por qué debía estar allí y soportar todo lo que pasaba, se convirtió en una triste realidad. Además de los abusos sufridos en la casa hogar, también experimenté situaciones aberrantes relacionadas con una religión gnóstica. Hoy comprendo que esas experiencias no eran adecuadas para niños, dejándome con traumas difíciles de describir.

Después de tantos abusos, los encargados de la casa hogar fueron reemplazados por nuevos responsables, esta vez extranjeros. Sin embargo, a los 14 años, se consideraba que éramos autosuficientes y ya no éramos sujetos de permanecer en la casa hogar. Mi hermano Israel y yo tuvimos que abandonar el lugar y buscar una forma de sobrevivir. Sin embargo, no queríamos dejar atrás a nuestros hermanos menores. Decidí arriesgarme y llevarme a mi hermana conmigo. Pasamos dos días huyendo y escondiéndonos en el monte y casas abandonadas, pero finalmente nos atraparon. Aún puedo escuchar las palabras del nuevo encargado de la casa hogar cuando me dijeron que debía dejar a mis hermanos porque aún eran demasiado pequeños. Nunca podré olvidar cómo mis hermanos lloraron desconsolados al despedirnos, suplicándome que no los olvidara y que los buscara si alguien nos adoptaba.

Les prometí que siempre estaría pendiente de ellos.

Desde el instante en que dejamos atrás aquel hogar, comenzó nuestra travesía en busca de posadas y oportunidades laborales.

Durante largo tiempo, luché por no alejarme demasiado de aquella comunidad, solo para tener un atisbo de mis amados hermanos desde la calle.

Recuerdo cómo, en medio de la necesidad, tuve que alimentarme de colillas de cigarro, a pesar de las reprimendas de mi hermano. No teníamos otra opción para sobrevivir. Días después, nos enteramos de una terrible noticia: mi hermano fue buscado debido a que había sido testigo de los abusos cometidos en el orfanato. Temían que hablara, así que tuvo que ocultarse durante mucho tiempo. Yo me las arreglaba para escabullirme y llevarle algo de comida al monte en secreto.

Con el tiempo, supe que los antiguos encargados del orfanato habían abierto un restaurante. A pesar de mi necesidad, me vi obligada a buscar trabajo allí. Me reencontré con otros jóvenes que también habían salido del orfanato. Compartíamos las sobras de los clientes y nos turnábamos para comer. Nos contrataron sin salario ni comida, solo nos ofrecían un cuarto donde dormir los seis jóvenes.

Fue entonces, por azares del destino, que una señora llamada Alicia, familiar de los dueños del restaurante, me vio trabajar y se acercó a mí. Me propuso ir a vivir a México con ella, prometiéndome un hogar seguro. En mi país, Honduras, se decía mucho sobre México, como si todos fueran cantantes vestidos de mariachi. Con gran emoción, acepté su propuesta, ilusionada con la idea de cantar y vestirme de mariachi en algún momento.

Después de superar diversas dificultades durante el trayecto, finalmente llegamos a México. Lo único que conservo hasta el día de hoy es un certificado de mi escuela en mi país natal.

Un tiempo todo marchó bien para mí. Me inscribieron en la escuela, me compraron ropa y me llevaban de paseo. Recuerdo con alegría el momento en que recibí mi certificado de sexto grado.

Vivía con la señora que me adoptó y su esposo Jorge, quienes parecían ser mi nueva familia. Sin embargo, todo cambió un día cuando regresé de la escuela y encontré a la señora alterada. Sin motivo aparente, comenzó a gritarme y luego vinieron los golpes, las humillaciones y los insultos. Todos los días eran iguales, la violencia aumentaba a medida que pasaba el tiempo. Su ira llegaba a tal punto que me rapaba el cabello y me obligaba a ir a la escuela en ese estado. Los vecinos presenciaban todo el maltrato que sufría y en varias ocasiones intentaban ayudarme. En sus momentos de lucidez, la señora me pedía perdón, pues padecía esquizofrenia.

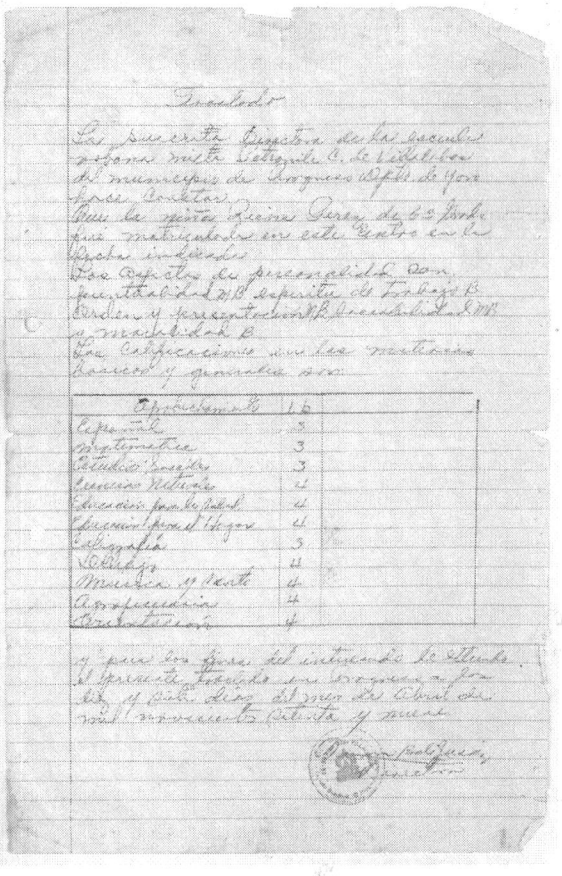

Recordar todo el maltrato que sufrí de esa señora (Alicia) es extremadamente doloroso.

Cada 8 días, debíamos visitar a la familia de la señora en Calpulalpan, Tlaxcala, y era un tormento. La señora se alcoholizaba, se volvía agresiva y yo le decía que la acusaría con su esposo (Jorge) por beber en exceso. En su enojo, me encerraba en el clóset hasta que decidía sacarme.

Un día, mi maestro de la escuela, Juan S., quien también era vecino, presenció el maltrato que sufría. Intervino para impedir que siguiera lastimándome cuando vio cómo me aventó un ladrillo y un cuchillo. Agradeciendo su valentía, dio aviso a las autoridades correspondientes, lo que permitió que me rescataran de la violencia que vivía con la señora que en su momento me prometió una familia.

A menudo, los niños en adopción aprenden a sobrevivir en lugar de vivir plenamente debido a adopciones fallidas. Estas pueden ocurrir cuando los progenitores adoptivos no están preparados o buscan llenar un vacío personal, e incluso pueden estar motivadas por la explotación. La falta de herramientas para enfrentar los desafíos contribuye a estas situaciones. La adopción es un proceso complejo que requiere compromiso, preparación y amor incondicional. Es fundamental proporcionar un entorno seguro y apoyo emocional a los niños adoptados para que puedan superar las adversidades y encontrar la felicidad en su nuevo hogar.

3

Internado de mujeres

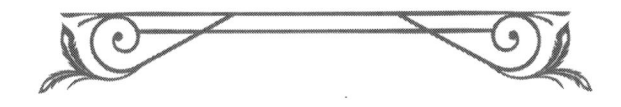

CUESTIONARIO

1. ¿Te has visto obligado/a a adaptarte a reglas muy estrictas en alguna etapa de tu vida?
   _____
   _____

2. ¿Cuántas veces te has sentido solo/a en tu camino?
   _____
   _____

3. ¿Experimentaste una infancia marcada por circunstancias difíciles?
   _____
   _____

4. ¿Has pasado por momentos de rebeldía en tu vida?
   _____
   _____

5. ¿Alguna vez te has enfrentado a la vida en solitario, sin apoyo?
   _____
   _____

Recuerda que cada experiencia es única, pero a menudo compartimos desafíos similares en nuestra trayectoria.

Las autoridades encargadas de protección a la niñez me rescataron y escucharon mi historia, comprendiendo que no era de este país. Me ofrecieron dos opciones: regresarme a mi país de origen o quedarme en México para estudiar y, eventualmente, reunirme con mis hermanos. Decidí quedarme y fui llevada a un internado de mujeres bajo la tutela de las Hermanas Trinitarias.

Cuando llegué, fui recibida por la madre superiora, Madre Ocotlán, y me presentaron a mis compañeras. Éramos alrededor de 250 chicas en ese momento. Me explicaron las actividades diarias que realizaríamos en el internado: asistir a misa, participar en talleres, tomar clases y seguir una rutina establecida. Al recorrer las instalaciones y ver el hermoso lugar al que había llegado, experimenté una mezcla de emociones. Surgieron muchas preguntas en mi mente, como la idea de tener que convertirme en religiosa, algo que no deseaba, ya que mi objetivo principal era dedicarme al estudio y, en un futuro, poder reunirme nuevamente con mis hermanos.

Los primeros días fueron difíciles para mí, ya que tuve que adaptarme a este nuevo estilo de vida estricto y disciplinado. Permíteme explicarte mi rutina diaria…

A las 5:45 am, cuando las campanas de la iglesia colindante con el internado de sacerdotes sonaban, debíamos levantarnos de inmediato. Cabe mencionar que cada dormitorio contaba con una religiosa supervisora, ya que éramos alrededor de 80 colegialas. En ese momento, nos levantábamos y comenzábamos a orar para dar gracias por el nuevo día. Desde aproximadamente las 6:00 am hasta las 6:45 am, teníamos tiempo para realizar nuestras tareas de aseo personal y completar las labores asignadas.

De 6:45 am a 8:00 am, rezábamos el rosario y asistíamos a la misa. Luego, teníamos el desayuno de 8:00 am a 9:00 am. Desde las 9:00 am hasta la 1:00 pm, participábamos en los talleres de maquilas, como bordado, tejido y costura, ya que el convento se sostenía en parte gracias a esas contribuciones.

De 1:00 pm a 2:00 pm, orábamos y recibíamos los alimentos para la tarde. Teníamos un descanso de 2:00 pm a 2:30 pm. Luego, de 2:30 pm a 3:30 pm, nos trasladábamos a los talleres para dejar limpio nuestro espacio de trabajo. De 4:00 pm a 5:00 pm, permanecíamos en el área del comedor realizando nuestras tareas de estudio, sin hablar con nadie.

A las 5:00 pm, comenzábamos nuestras clases según la especialidad que hubiéramos elegido, como secundaria, preparatoria, secretariado, comercio o corte y confección. Desde las 8:00 pm hasta las 9:00 pm, cenábamos, y de 9:00 pm a 10:00 pm, orábamos y nos preparábamos para dormir.

Esta era nuestra rutina de lunes a viernes. Los sábados, teníamos talleres por la mañana y clases de religión por la tarde. Los domingos, asistíamos a misa, íbamos al teatro, disfrutábamos de los jardines y nos divertíamos con diferentes distracciones.

Aunque recibía cariño de las madres y tenía compañeras que me ayudaban a sobrellevar las dificultades, a menudo me sentía muy sola y lloraba. No tenía noticias de mis hermanos ni recibía visitas, ya que llegué al internado como una "hija de casa" sin una familia que me visitara. Aproximadamente 6 o 7 años. Sin embargo, comencé a formar un grupo de amigas que me apoyaron, como Bety R., Janeth B., Pilar M. y Lupita A., entre otras. Recuerdo que la madre de una de mis amigas, Bertilde P., solía llevarme cosas para poder continuar mis estudios. Mi amiga compartía sus tenis y patines conmigo. Fue en ese internado donde finalmente pude vivir una parte de mi niñez que nunca había tenido. Disfrutábamos mucho patinar, jugar a quemados, bailar y realizar diferentes actividades.

Me adapté poco a poco y aproveché la ayuda de las madres para escribir varias cartas a mis hermanos, manteniendo la esperanza de poder contactarlos en algún momento. Finalmente, recibí una carta sorpresa de mis hermanos, quienes me informaron que estaban bien y que los extranjeros a cargo del orfanato los trataban mejor. Eso me brindó tranquilidad en ese momento.

Esa noticia se convirtió en una motivación adicional para seguir esforzándome y tener la esperanza de algún día regresar a mi país natal y reunirme con ellos. Sin embargo, no todos los momentos fueron fáciles. Pasé por una etapa de rebeldía en la que fui castigada y no recibía noticias de mis hermanos.

Recuerdo que faltaba a varias clases, no cumplía con mis tareas y me comportaba de manera inapropiada durante la misa, desobedeciendo las reglas establecidas. Llegó un punto en el que ninguna madre quería que participara en los talleres debido a mi inquietud. Realizaba travesuras como quitarles los velos a las religiosas, intentar cargarlas, esconder los zapatos de mis compañeras mientras dormían y otras travesuras. Considero que viví una especie de niñez tardía durante mi adolescencia.

Frecuentemente me castigaban sin permitirme asistir al teatro o al cine debido a mi falta de cumplimiento con las tareas. Todas las colegialas teníamos problemas particulares, pero con el amor de las madres, todo se volvía más llevadero. Recuerdo que experimenté una Navidad muy especial después de muchos años, despertando con un regalo al lado de mi cama y celebrando fechas importantes como Reyes Magos, Navidad y cumpleaños. Nunca logré entender cómo las religiosas lograban controlar a tantas colegialas y, sobre todo, brindarnos amor y protección.

En aquellos tiempos, cuando veíamos películas, si había una escena de beso, la película se cortaba de inmediato porque se consideraba pecado. Formé parte del coro y disfrutaba mucho de ello, aunque a veces también me portaba mal. No fui la mejor estudiante, pero creo que logré destacarme en varias áreas.

Hubo un tiempo en el que siempre ocupaba el primer lugar en mala conducta debido a la rebeldía que estaba atravesando. A pesar de todas las circunstancias, puedo decir que fue la mejor etapa de mi vida, ya que recibí una gran formación por parte de las religiosas, basada en la disciplina, la obediencia y, sobre todo, el amor.

Con el paso del tiempo, logré graduarme en la carrera de comercio. A medida que las familias de algunas de mis compañeras las iban llevando con ellas después de completar sus estudios, sentí una profunda tristeza al darme cuenta de que si nadie venía por mí, tendría que quedarme allí y eventualmente convertirme en religiosa.

Por esa razón, me vi obligada a buscar a la señora Alicia, quien fue la persona que me adoptó y me trajo a este país. Le pedí a las religiosas que me ayudaran a encontrarla y, finalmente, me reuní con ella. Tuve que hablar con ella y pedirle disculpas obligadamente para convencerla de sacarme del internado. También logré convencerla de que sacara a otra compañera del internado, Bety R.

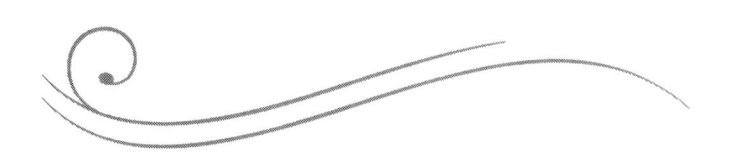

En la vida, atravesamos diversas etapas y situaciones que nos enseñan cómo vivir. A veces, aunque no sea la familia que soñamos, el amor, la protección y la formación en valores que recibimos nos hacen sentir que estamos en un verdadero hogar.

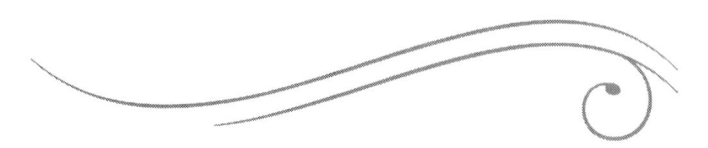

4

Pruebas difíciles

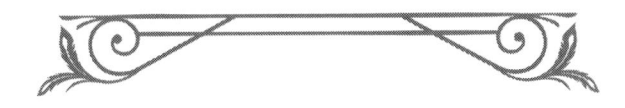

CUESTIONARIO

1. ¿Alguna vez te has visto en la situación de tener que buscar un hogar debido a la falta de vivienda?
   _____
   _____

2. ¿Te ha resultado difícil integrarte a la sociedad en términos de trabajo, amistades o familia?
   _____
   _____

3. ¿Cómo fue tu experiencia con tu primer amor?
   _____
   _____

4. ¿Hasta qué punto estarías dispuesto/a a llegar para mostrar tu agradecimiento?
   _____
   _____

5. ¿Qué tan difícil crees que sería enfrentar tus raíces?
   _____
   _____

Así fue como logré escapar de lo que yo llamaba hogar, un recuerdo que perdura hasta la fecha.

Llegamos a vivir a casa de la señora Alicia, pero no por mucho tiempo.

Ella me consiguió trabajo, pero comenzaron nuevamente los maltratos. Con el tiempo, los golpes se hicieron constantes, hasta que ya no pude soportarlo más. Me enfrenté a ella y me echó sin importar que solo tuviera puesto un camisón y estuviera descalza. Tuve que caminar parte de la noche hasta llegar donde unas antiguas compañeras del convento, quienes me recibieron con mucho cariño. A partir de ese momento, comencé nuevamente a buscar trabajo.

Desafortunadamente, no duraba mucho en los trabajos que conseguía, ya que la señora me encontraba y causaba problemas que terminaban con mi despido. Encontré un trabajo en el área administrativa de la Secretaría de Transporte, donde conocí a un señor que era concesionario de transporte público, Primitivo Jesús. Coincidíamos constantemente en el transporte público, ya que lo usaba para llegar a mi trabajo. Lamentablemente, en varias ocasiones la señora también abordaba el autobús y empezaban las ofensas y golpes de su parte hacia mí. Fue entonces cuando este señor comenzó a defenderme de los maltratos.

Llegó el momento en el que viví en muchas casas de acogida y experimenté una enfermedad de anemia que me llevó a ser hospitalizada con frecuencia por falta de alimentación adecuada y recursos económicos limitados. Finalmente, decidí independizarme, pero tenía miedo de no poder salir adelante, ya que a veces retrasaban los pagos de mis salarios.

Intenté encontrar un trabajo estable y finalmente lo conseguí en el gobierno, así como en la venta de cosméticos. Gracias a mis ventas, llegué a estar a cargo de 350 vendedoras. Al interactuar con tantas mujeres, me percaté de los desafíos a los que se enfrentaban, lo cual me impulsó a establecer una barrera para impulsar mi propio crecimiento personal.

Recuerdo claramente mis primeros sueldos, los cuales utilicé para alquilar una habitación y adquirir lo necesario para vivir de forma independiente.

No todo fue trabajo, en su momento también disfruté de la compañía de mis amistades y compañeros de trabajo. En ocasiones consumí bebidas alcohólicas, pero agradezco a Dios nunca haber probado las drogas.

Con el paso del tiempo, logré contactar a mis hermanos y descubrí que el orfanato había cerrado sus puertas. Mi hermano mayor, Israel, y mi hermana menor, Janeth, estaban viviendo en Honduras con mi progenitor, Saturnino. Y mi hermano Orlando había sido adoptado por extranjeros que se encargaron del orfanato.

Durante esa llamada, me enteré de que mi progenitor tenía una nueva familia con seis medios hermanos, y que mi hermana Janeth estaba sufriendo maltrato y corría peligro estando en manos de mi progenitor.

En ese momento, sentí una gran angustia. En mi trabajo actual en el gobierno, conocí a una persona que podría decir que fue mi primer amor, Francisco N. Él me había apoyado mucho, me protegía y me trataba como una dama, enseñándome muchas cosas y cómo vivir bien en todos los sentidos. Angustiada, le comenté mi situación y gracias a él pude viajar a Honduras para reunirme con mis hermanos.

Viajé con dos objetivos en mente: rescatar a mi hermana y traerla a México, y conocer a mi progenitor.

Al llegar al aeropuerto de Honduras, me embargaron los nervios al empezar a buscar a mi progenitor. No sabía cómo era ahora, ya que solo lo recordaba como un hombre alto de ojos azules. En medio de una situación de guerra que se vivía en ese momento, escuché una voz que me dijo: ¡Hola, hija!

Me quedé atónita, ya que no era en nada como lo recordaba, pero era inevitable dudar de que fuera él, ya que me parecía mucho al señor que estaba frente a mí. Al pasar por aduanas, me separaron de él debido a mi forma de hablar y comenzaron a interrogarme para saber si era de allí, por mi acento. Yo lo negué, ya que las leyes en Honduras son muy estrictas cuando abandonas el país y hay consecuencias drásticas al intentar regresar. Afortunadamente, tenía un pasaporte mexicano gracias a mi adopción, y no pasó más que el susto.

Al llegar a la casa de mi progenitor en una comunidad llamada Sava, Colón, fui recibida por su familia y, por supuesto, mi hermana. Pude hablar con ella y enterarme de todos los maltratos que había sufrido. Después de varias discusiones con mi progenitor, le comuniqué mi intención de llevarme a mi hermana conmigo a México.

Después de haber pasado unos días allí, pude conocer a algunos abuelos y tíos. Sin embargo, después de tres días de vivir tantas situaciones diferentes, con costumbres y religiones a las que no estaba acostumbrada, tuve que irme a un hotel y comenzar los trámites para regresar con mi hermana. Desafortunadamente, no pude lograrlo y tuve que regresarme a México sin éxito en mi intento de llevarme a mi hermana y sin poder reunirme con mi hermano mayor, Israel, quien se había mudado con mi progenitora, Virginia.

Una vez de regreso en México, comencé a contactar a personas que viajaban frecuentemente a Honduras para pedirles que me trajeran a mi hermana de forma ilegal. Aceptaron ayudarme y comenzó la odisea. Después de esperar durante 8 días, finalmente llegó mi hermana, pero me exigieron una gran cantidad de dinero para entregármela. A regañadientes, accedí a entregarles el dinero y así me la entregaron, con la sorpresa de que venía embarazada.

 A pesar de los obstáculos, continué apoyando a mi hermana y a mi sobrino. Un día, a la temprana edad de 27 años, recibí por primera vez una carta escrita conmovedora de mi progenitora. Aquella misiva revivió mi pasado y sembró en mí un sinnúmero de preguntas y dudas que anhelaba despejar. Las palabras plasmadas en aquel papel resonaron en mi mente: "Aunque nuestros caminos nunca se cruzaron y lazos no se forjaron, tienes todo el derecho de reconocerme como tu progenitora. No debes olvidarme, y aunque no pude criarte por completo, debes comprender que busqué un refugio para ti en el orfanato, donde realmente sufriste, pero ahora eres una persona preparada". Palabras más o palabras menos.

 Después de un tiempo, mi relación con Francisco N. llegó a su fin debido a diferentes situaciones, entre ellas, la mentira y la infidelidad. Recuerdo que yo a veces tenía que viajar debido a su trabajo como gerente regional no siempre estaba en la ciudad, y en varias ocasiones descubrí sus engaños e infidelidades. Fue entonces cuando tomé la decisión de dejarlo, ya que con el tiempo se convirtió en una persona machista, celosa y posesiva.

 Sin embargo, me quedo con los mejores recuerdos, los momentos hermosos y las valiosas enseñanzas que me brindó, así como su apoyo incondicional. Y sigo adelante con la ilusión de encontrar a mi príncipe azul, alguien que llegue con flores y me cante una serenata, tal y como siempre lo soñé. Continué con mi vida y mi trabajo. A pesar de todas las situaciones, seguí trabajando y esforzándome en la vida. Aun conservaba la ilusión de ser feliz y, en su momento, formar una familia.

Después de un año y medio, recibí una mala noticia: mi hermano se comunicó conmigo para decirme que aún estaba en Honduras arreglando sus papeles y que lamentablemente no le permitían salir del país debido a cuestiones migratorias, a pesar de que ya había sido adoptado. Fue muy difícil para mí enterarme de eso, ya que sabía que sería complicado sacarlo de Honduras, pues yo misma había pasado por una situación similar.

Medio año después, logré que trajeran nuevamente a mi hermano Orlando a México y desde aquí fue trasladado al país donde había sido adoptado. Me quedé tranquila al saber que estaba con sus progenitores adoptivos, ya que le estaba agradecida por todo el apoyo incondicional que nos había brindado a mis hermanos y a mí.

La vida nos presenta pruebas difíciles que debemos enfrentar, y depende de cada uno de nosotros qué camino elegir. Podemos optar por la autocompasión y convertirnos en víctimas perpetuas, o podemos levantarnos, afrontar los retos y seguir adelante. Recordemos que todo tiene solución y que debemos aprender de nuestras experiencias para no repetirlas. Enfrentemos los tiempos difíciles con determinación, utilizando cada obstáculo como una oportunidad para crecer y superarnos, sabiendo que somos capaces de encontrar soluciones y construir una vida mejor.

5

Madre soltera

CUESTIONARIO

1. ¿Qué tan difícil es ser madre o padre cuando no has tenido modelos de referencia?

   _____
   _____

2. ¿Has enfrentado desafíos significativos en tu rol de padre o madre?

   _____
   _____

3. ¿Crees que es posible romper patrones establecidos y forjar un nuevo camino en la crianza de tus hijos?

   _____
   _____

4. ¿Cómo te has enfrentado a los desafíos de conciliar el trabajo y la maternidad/paternidad?

   _____
   _____

5. ¿Cuáles son las fortalezas que has descubierto en ti misma/o como madre o padre soltero/a?

   _____
   _____

MADRE SOLTERA

Con el paso de los años, me reencuentro con esa persona, Primitivo, quien estuvo a mi lado en todas las circunstancias de mi juventud. Comenzamos a tratarnos nuevamente y me propuso formar una familia. Aunque confiaba en él y lo veía como un protector, dudé debido a nuestra diferencia de edad de aproximadamente 15 años, nuestras relaciones sexuales eran esporádicas. En una de esas ocasiones, quedé embarazada de mi primer hijo, Iván.

Afortunadamente, tuve a mi primer hijo, Iván, a los 30 años. A pesar del miedo que sentía al no tener a alguien que me guiara en ese momento, no fue fácil. Sin embargo, el sentir a mi bebé crecer dentro de mí me impulsó a prometerle amor, cariño y comprensión, todo lo que yo no había tenido.

Durante ese proceso, Primitivo estuvo pendiente, pero todo cambió cuando nació mi hijo. A los 8 meses de su nacimiento, comenzó a mostrar irresponsabilidad. Tenía que buscarlo constantemente en su trabajo para obtener el sustento para mi hijo, ya que no contaba con el apoyo de nadie más. Recibí muchas humillaciones de su parte, me ofendía y me decía cosas denigrantes. Siempre lo encontraba alcoholizado.

Tuve que buscar trabajo, y Primitivo regresó después de 2 años y medio, prometiendo cambiar su estilo de vida. Tuvimos relaciones sexuales nuevamente después de su regreso, y quedé embarazada de mi hija, Aline. Una vez más, Primitivo no asumió la responsabilidad. Fue muy difícil tomar la doble responsabilidad por cuenta propia. Recibí más ofensas y comentarios que me denigraban como mujer. Tuve que seguir trabajando y sacar adelante a mis hijos. No fue fácil asumir esa doble responsabilidad, pero al ver a mis hijos tan pequeños e indefensos, no tuve más opción que enfrentar día a día todo lo que se presentaba. El haber tomado esa decisión fue lo mejor que pude haber hecho, ya que la tomé con mucho amor y no fue un sacrificio para mí.

Con el tiempo, una de sus hermanas me informó que el progenitor de mis hijos tenía otra familia y vivía en unión libre, además de tener otro hijo. Decidí cortar toda comunicación y dejar de pedirle apoyo para sus hijos, ya que en varias ocasiones su pareja había amenazado con hacerles daño.

Tuve que dejar a mis hijos en la guardería desde temprano por la mañana, ya que trabajaba en dos empleos (en el gobierno y en la venta de cosméticos) para poder sustentarlos. Mi día comenzaba a las 5:30 de la mañana, ya que la guardería estaba lejos de mi trabajo. Los dejaba a las 7:30 y salían a las 5. Aunque me tranquilizaba saber que recibían desayuno y comida adecuados, así como buen trato, me fue posible contratar a alguien que me ayudara a cuidarlos mientras yo continuaba trabajando. Procuraba que mis hijos no les faltara nada tanto económica como emocionalmente. Siempre traté de que tuvieran hermosos recuerdos de su infancia. Gracias a Dios, nunca les faltó una fiesta de cumpleaños ni un árbol de Navidad vacío. Aunque en ocasiones la economía no era favorable, siempre mantuve viva la ilusión en ellos. En ocasiones salíamos de paseo a diferentes lugares, ya que disfrutábamos ir de acampada.

Hubo un tiempo en el que me quedé sin trabajo y no tenía cómo pagar a la persona que me ayudaba a cuidar a mis hijos. Tuve que dejarlos solos por un par de horas de vez en cuando. Bendecidamente, una vecina, Fulgencia M., procuraba alimentarlos y les pasaba platos de comida por debajo de la puerta hasta que yo llegaba. Para poder mantener a mis hijos, tuve que hacer numerosos sacrificios. En cierto momento, decidí abrirme y compartirles mi vida. Fue a través de contarles la historia de una niña que creció en un orfanato, donde en ocasiones los alimentos que le daban estaban infestados de gusanos y así tenía que comerlos. Nunca olvidaré las preguntas que mis hijos me hicieron, y una de ellas fue: "¿Qué le sucedió a esa niña?" Mirándolos a los ojos, les respondí: "Esa niña ahora vende casas". En ese momento, me dieron un abrazo y fue entonces cuando comenzaron a valorar, diciéndome: "¿Esa niña eres tú, mamá?"

Nunca olvidaré cómo un par de zapatos me duraron 5 años, debido a que siempre estaba primero en asegurarme de que mis hijos no les faltara nada.

Recuerdo el apoyo que recibí de varias amigas, como Georgina, Gloria, Jany, Roberta, Bety y Maguito. A medida que mis hijos crecían, Ivan con 7-8 años y Aline con 4-5, su progenitor comenzó a buscarlos nuevamente. Al principio, rechacé la idea y en ocasiones me siguió, por lo que tuve que recurrir a la fuerza pública para detenerlo. Sin embargo, su familia llegó suplicando que les permitiera convivir con ellos los fines de semana, ya que el progenitor había enfrentado problemas de salud. Accedí a ello y comenzaron a pasar tiempo con su progenitor y su familia mientras yo seguía trabajando.

Al darme cuenta de que mis hijos necesitaban más tiempo y atención, hice muchos sacrificios para poder mantenerlos. Como siempre me había gustado el mundo de las ventas, decidí emprender mi propio negocio en el campo de los bienes raíces. Al principio, me asocié con una amiga, pero esa asociación no duró mucho debido a diferentes circunstancias.

Tomé la decisión de embarcarme en esta nueva aventura después de haber sufrido abuso de poder en varios trabajos anteriores, donde me encontré en situaciones incómodas y me hicieron propuestas indecorosas con el fin de mantener mi empleo. También conocí a muchas personas maravillosas e importantes que me protegieron y me orientaron durante esa etapa en la que me encontraba vulnerable.

Recuerdo claramente mi primera venta, aquella comisión que tanto había esperado. La utilicé con gran ilusión y esfuerzo para amueblar mi oficina. Fue un logro significativo que me impulsó a seguir adelante en mi emprendimiento hasta la fecha.

Hubo un momento en el que tuve que alejar a mis hijos de su progenitor, ya que debido a su alcoholismo hubo muchos descuidos hacia ellos. Me preocupaba por su integridad física y emocional.

Ser madre soltera es descubrir fortalezas en ti misma que no sabías que tenías y experimentar un amor incondicional que nunca imaginaste. A lo largo del camino, al enfrentar sacrificios como dejar a tus hijos solos para trabajar y darles lo mejor, incluso lo que tú no tuviste en su momento, encuentras una gran recompensa. El ver el crecimiento y la felicidad de tus hijos se convierte en el mayor logro y en una fuente de gratificación incomparable.

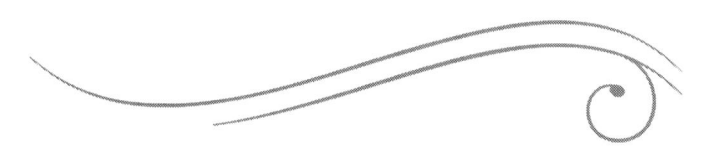

6

Superación personal

CUESTIONARIO

1. ¿Te ha costado trabajo salir adelante en tu vida?
   _____
   _____

2. ¿Has dado todo hasta quedarte sin nada en algún momento de tu vida?
   _____
   _____

3. ¿Te resulta difícil creer en el amor después de tus experiencias?
   _____
   _____

4. ¿Has pasado por situaciones difíciles relacionadas con tus hijos?
   _____
   _____

5. ¿Has superado batallas contra enfermedades en tu vida?
   _____
   _____

Después de un tiempo, logré adquirir mi tercera casa. En el pasado, tuve la oportunidad de tener dos casas, pero debido a la falta de apoyo y empleo no pude mantenerlas. Obtener este departamento fue motivo de ilusión y felicidad, ya que mis hijos tendrían su propio hogar y cada uno tendría su espacio.

Comencé a enfocarme en trabajar con más empresas y recuerdo que una de ellas me pagó con un carro. Estaba emocionada, pero también tenía un desafío: no sabía manejar. Tuve que pedirle ayuda a una amiga para aprender.

Al principio, tuve dificultades y el automóvil permaneció estacionado por un tiempo. Aprender a manejar me costó mucho trabajo, pero poco a poco fui superando el miedo y adquiriendo confianza.

Hubo un tiempo en el que tuve la oportunidad de conocer a varias personas y vivir numerosas experiencias que me causaron desilusión y fracaso, dejándome heridas y dejando una marca en mi vida. También tuve el privilegio de contemplar la posibilidad de casarme por la iglesia. Sin embargo, al enfrentar las barreras impuestas por las distintas clases sociales y las etiquetas impuestas, tomé la valiente decisión de renunciar a ello. Estas situaciones incluyeron abuso de confianza, diferencias de edad, mentalidades y sueños divergentes, robos y engaños. Además, presencié cómo el patrimonio que había construido con tanto esfuerzo para mis hijos casi se agotaba.

Ante todo esto, decidí dejar todo eso atrás y me di cuenta de que el amor propio y el amor de mis hijos son los únicos verdaderos y valiosos.

Me enfoqué mucho en el trabajo para recuperarme tanto económicamente como emocionalmente. Cabe resaltar que, debido a mis carencias de niña, me convertí en una compradora compulsiva. Llegué a acumular suficiente capital y adquirí diversas propiedades. Sin embargo, debido a malas inversiones y una mala administración, terminé perdiendo todas esas propiedades. Hoy en día, lamento no haber sabido controlar esas emociones.

Seguí adelante con mis hijos y también me reencontré con mi sobrino Darwin, aquel niño al que mencioné al principio y a quien pude dar mi apellido. Para mí, él es como mi hijo mayor. Comenzó a trabajar conmigo en mi oficina de bienes raíces y se convirtió en un apoyo incondicional. Estuvo a mi lado durante muchas adversidades y problemas, y hasta el día de hoy sigue apoyándome.

En ese periodo, decidí cambiar de casa y brindarles una mejor calidad de vida a mis hijos. Fue un paso importante para nosotros.

Luego, en el año 2005, recibí una llamada de mi hermano Orlando, informándome que nuestra progenitora estaba grave y que debíamos reunirnos en nuestro país natal para estar con ella en sus últimos momentos. Experimenté una mezcla de emociones, ya que después de 42 años finalmente iba a conocer a mi progenitora biológica.

Realicé el viaje, nerviosa por encontrarme cara a cara con mi progenitora sin saber qué iba a suceder. Mi hermano y yo nos encontramos en el aeropuerto y partimos hacia la comunidad donde ella vivía, en El Progreso. No podía creer que finalmente estaba frente a ella después de tantos años. Lo primero que mencionó fue que tenía la foto del día en que nos regaló. Aproveché la oportunidad para conservar esa foto, que me recordaba mi niñez.

Llena de coraje y rabia por el comentario que hizo mi progenitora, me di cuenta de que no estaba enferma, sino que nos reunió para que le diéramos apoyo económico, según ella, porque ya habíamos crecido y teníamos un trabajo estable. Minutos después, mi progenitora me mencionó a mi tía Senovia, a lo cual yo respondí afirmativamente. Ella señaló hacia un lugar y me dijo dónde estaba la casa de mi tía. Corrí para verla y abrazarla, ya que recordaba que fue la persona que nos defendió en el momento en que mi progenitora iba a regalarnos.

Tenía tantas preguntas sobre mi infancia que apenas recordaba y ella era la única que podía responder con la verdad. Siempre nos había tenido mucho cariño a mis hermanos y a mí, y recordaba cómo lloraba y nos defendía durante aquellos momentos difíciles.

Sin saberlo, mi progenitora nos estaba observando mientras abrazaba a mi tía y escuchaba todo lo que le decía. Esto generó un gran malestar en ella y en mis hermanos, ya que mi progenitora sintió que le daba más importancia a mi tía que a ella. Traté de explicarles a mis hermanos por qué tenía tanto cariño hacia mi tía, ya que ellos eran pequeños y no recordaban muchas cosas.

Después de unos días, tuve que partir hacia México, despidiéndome cordialmente de mi progenitora a pesar de todo y diciéndole que regresaría con mis hijos para que la conocieran.

Con el tiempo, mi hermano mayor, Israel, finalmente pudo comunicarse conmigo después de varios intentos de venir a verme a México. Fue toda una odisea, ya que se quedó atrapado en medio del huracán Stan. Consternada y en una conversación con una persona, me ayudaron a traer a mi hermano en avión. No podía creer que después de tantos años (26) lo tuviera frente a mí, él fue mi protector y figura paterna en mi niñez dentro del orfanato.

Después de 8 meses, mi hermano partió hacia Estados Unidos para reunirse con mi otro hermano, Orlando. Fue muy triste tener que llevarlo de madrugada con un grupo de personas que partirían ilegalmente a los Estados Unidos, con la esperanza de que todo saliera bien.

Después de tantos años, mi amiga Bety R. me invitó a comer a su casa y me comentó que la señora que me adoptó, Alicia, quería hablar conmigo y conocer a mis hijos.

Llegamos a la casa de mi amiga y ahí me encontré con Alicia. Fue un momento sorprendente para mí, ya que pudimos tener un diálogo y quedamos en buenos términos después de tanto maltrato y sufrimiento.

Después de 3 meses, recibí la noticia de que Alicia había fallecido.

Como no tenía familia, me correspondió a mí reconocer su cuerpo. Afortunadamente, conté con el apoyo de amigos como Bety R. y Enrique, quienes se encargaron de los trámites. Al llegar al funeral, me encontré sola frente al ataúd con Alicia. Lo único que pude hacer fue decirle que se fuera en paz y que la perdonaba por todo el daño que me había causado.

Tiempo después, tuve la oportunidad, después de 4 años, de ir a Honduras con mis hijos. Como era fin de año, mi hermano Orlando también fue con su familia a pasar el tiempo en una propiedad que tenía allí. Durante los 10 días que estuvimos allí, mis hijos tuvieron la oportunidad de conocer mis raíces, a mis progenitores, a mi tía Senovia y a la familia de mi hermano Orlando. Pasamos ese fin de año conviviendo con ellos y disfrutando de la playa. Fui feliz durante esos momentos de convivencia.

Otro momento muy duro para mí y mis hijos fue cuando un día, mientras yo estaba trabajando, recibí una llamada de ellos diciéndome que la casa se había inundado debido a una fuerte lluvia. Traté de llegar lo más rápido posible, pero para mi sorpresa, no había acceso al fraccionamiento debido al agua, que llegaba hasta la mitad de las puertas de los autos. Después de unas horas, logré pasar y al llegar, me entristeció ver a mis hijos a medio camino de las escaleras y todas las cosas mojadas. Nos tocó empezar desde cero una vez más.

Recuerdo con mucha tristeza una prueba muy dura de superar. Ahora entiendo que a veces es muy difícil confiar en las personas, ya que debido a eso tuve una mala experiencia en la que fui víctima de un abuso de confianza. Alguien me privó de mi libertad para obligarme a firmar unos papeles relacionados con una propiedad. Gracias a Dios, el problema no llegó a mayores, pero me dejó una gran lección, aprendí a valorar más la vida y el hecho de poder volver a ver a mis hijos.

Mi mala racha continuó, ya que después de estar bien instalada en mi oficina, un día llegué y descubrí que había sido saqueada.

Todo lo que había conseguido con tanto esfuerzo a lo largo de los años me lo habían robado. Con rabia y coraje, tuve que empezar de cero nuevamente.

Mis hijos empezaron a entrar en la adolescencia, y a pesar de que intentaba darles todo y que no les faltara nada, comenzaron a manifestar rebeldía. Fue difícil para mí, ya que tenía la responsabilidad de guiarlos y dirigirlos, y esperaba que confiaran en mí. Llevar una doble responsabilidad era complicado, y en ocasiones me daba miedo no saber cómo abordar temas relacionados con la adolescencia, ya que yo nunca había recibido esa educación. Además, influyó el hecho de que su progenitor era más permisivo y liberal, ya que le gustaba tomar mucho. Siempre me invadía el miedo de perder a mis hijos o de que les ocurriera algo.

Finalmente, llegó el momento en que mi hijo mayor tomó la decisión de irse a vivir con su progenitor, donde creía que podría hacer lo que quisiera y no seguir reglas. Después de varias idas y venidas, logré hacerle entender que el mejor camino era retomar su hogar y continuar con su carrera de ingeniería mecánica automotriz, que estaba estudiando en ese momento. Así que regresó a su hogar.

Poco tiempo después, mi hija, en su etapa de rebeldía a los 17 años, decidió irse a vivir con su progenitor. Me llené de ira, ya que él, en lugar de orientarlos, los había llevado hacia el mundo del alcohol y la libertad descontrolada. A pesar de todos mis esfuerzos por hacer que mi hija recapacitara, no lo logré.

Un mes después, me enteré de que mi hija había dejado la casa de su progenitor sin yo saber los motivos. Había abandonado su carrera y se había juntado a una edad temprana. Fue un golpe muy duro para mí, ya que tenía otras metas para ella. A pesar de todo, tuve que apoyarla porque era mi hija.

Después de eso, invertí en varios negocios para poder apoyar a mi hija, pero debido a diferentes motivos y malas decisiones, no pudimos seguir adelante con ellos.

Llegó el momento en el que tuve que regresar al punto de partida y empezar desde cero después de haber invertido en varias casas y diferentes negocios que resultaron en mala administración.

SUPERACIÓN PERSONAL

Con el paso del tiempo, recibí una noticia desalentadora al realizarme unos estudios de salud de rutina que arrojaron sospechas de cáncer de mama. Fue un golpe muy duro para mí, ya que la palabra "cáncer" era aterradora y pensaba en la muerte. Después de llorar y pensar que mi vida había terminado, me sometí a más estudios durante un año. Finalmente, decidieron hacerme una biopsia. El día que fui acompañada de mis hijos y mi sobrino para realizarme la biopsia, fue muy difícil ver cómo se quedaron angustiados esperando a que todo saliera bien. Gracias a Dios, antes de la operación, otro especialista llegó y, tras realizar más estudios, recibí la gran noticia de que no era cáncer.

Después de tanto esfuerzo y trabajo, logré levantarme nuevamente y comencé a construir mi casa con mucho sacrificio. También retomé al 100% mi empresa de bienes raíces.

Con el tiempo, mi hija terminó su relación con el progenitor de mi nieto, lo que desencadenó una serie de problemas entre ellos dos.

Luego, sufrí otro golpe muy duro cuando, por segunda vez en 6 años, robaron y saquearon mi oficina que con tanto esfuerzo había instalado de nuevo. Tuve que empezar desde cero nuevamente.

Después de eso, enfrenté otra dura batalla cuando mi hija comenzó a tomar malas decisiones y se relacionó con malas amistades, lo que la llevó a caer en una adicción. Tomé la difícil decisión de buscar ayuda profesional y, después de mucho buscar, decidí ingresar a mi hija a una clínica de rehabilitación. Fue muy fuerte para mí, ya que me preguntaba qué había hecho mal como madre y por qué había tomado ese camino mi hija. A pesar de que en mi casa nunca hubo alcohol ni nada parecido, traté de darle todo mi apoyo y es una batalla con la que tengo que lidiar día a día.

Mi hija salió de la clínica después de un tiempo y me tranquilicé al ver que estaba mejorando y alejándose de las adicciones. Sin embargo, la vida ya no es la misma por el temor de que pueda recaer. Aun así, he tratado de brindarle todo mi apoyo. Es una batalla constante que hay que enfrentar día tras día.

En mi vida diaria, ha sido difícil aprender a estar sola, ya que mis hijos, mis dos grandes pilares, ahora son padres de familia y cada uno ha seguido su propio camino. A veces aún espero que regresen a casa. Me ha costado aprender a decir "no" ya que en su momento apoyé a toda la familia y estuve ahí cuando más me necesitaron.

Tras pasar tantos años (22) de mi vida, me he percatado de que todas esas experiencias fallidas en el amor han dejado una profunda huella en mí. En el presente, me resulta difícil confiar en alguien, ya que he guardado un gran resentimiento y una marcada desconfianza hacia los hombres.

Ahora me doy cuenta de que todo lo que hice siempre fue por los demás y nunca velé por mí misma. Sin embargo, ese es uno de los motivos por los cuales decidí escribir este pequeño libro. Quiero compartir mi historia porque Reyna, aún tengo muchas cosas por hacer y sueños por realizar. Al plasmar toda mi vida aquí, me doy cuenta de que también he cometido errores. Debido a todos estos miedos, cometí un error muy grande: el control excesivo y la sobreprotección hacia mis hijos.

Hoy en día, Reyna todavía tiene muchas cosas por aprender de la vida, y aunque me sigue costando, estoy dispuesta a enfrentar todos mis miedos y darme la oportunidad de vivir esta nueva etapa de mi vida: reencontrarme conmigo misma y disfrutarla cada día más.

Todos enfrentamos momentos difíciles en algún momento de nuestras vidas, momentos en los que se requiere un esfuerzo sobrehumano de superación personal para seguir adelante. Aunque el camino de reflexión y superación esté lleno de obstáculos y baches, depende de nosotros encontrar la fuerza necesaria para avanzar, crecer y convertir cada desafío en una oportunidad de crecimiento. Enfrentemos cada adversidad con valentía, aprendiendo de cada caída y utilizando esa experiencia como un impulso para seguir adelante. La superación personal nos lleva a descubrir nuestras fortalezas ocultas y a vivir una vida plena y significativa. Cada obstáculo superado nos acerca un paso más a la mejor versión de nosotros mismos.

CONCLUSIÓN

La pluma del escritor cobra su más noble función al dar testimonio de cada experiencia vivida, con sus altibajos y desafíos superados. Al escribir estas páginas, he descubierto el hilo que une cada capítulo de mi vida, formando un tapiz de fortaleza y resiliencia.

En un país lejano, sin lazos familiares cercanos, he forjado mi propio camino, enfrentando las adversidades con valentía y determinación. Cada recuerdo, incluso aquellos teñidos de tristeza, se ha convertido en el combustible que alimenta mi espíritu incansable.

Aunque la distancia separa a mis hermanos, los mantengo en mi corazón y anhelo el día en que nuestras historias vuelvan a entrelazarse. Hoy, mis metas, sueños e ilusiones brillan con mayor intensidad, esperando ser alcanzadas.

Sueño con viajar por tierras desconocidas, descubrir nuevos horizontes y saborear la dicha de mi propia compañía. Y si el destino así lo desea, abrir nuevamente mi corazón al amor, dejando que susurres nuevos versos en mi vida.

"La vida es como un vibrante puente colgante, donde el equilibrio desafía nuestros pasos y nos impulsa a avanzar con valentía hacia destinos desconocidos."

REYNA GARCÍA MORALES

Agradecida por la experiencia que la vida me ha enseñado y sigue enseñándome, la escuela de la vida.

Made in the USA
Columbia, SC
13 October 2024